Somos Latinos

mis bailes • my dances

George Ancona

With Alma Flor Ada and F. Isabel Campoy

Children's Press® A Division of Scholastic Inc.
New York • Toronto • London • Auckland • Sydney • Mexico City • New Delhi • Hong Kong • Danbury, Connecticut

9-04
20.00

To F. Isabel Campoy

My thanks go to all the people who allowed me to photograph them and hear their stories. To Cuauhtémoc and his family, Tomás, Beatrice, Natalie and Vidalia Vigil; to Evelyn and Russel Pool and their family and friends; to Shanty Leticia Gupta and David Vilcherrez, Junior, and their parents and friends; to Kane and his family, Kevin, Antonina, Ariana, and Salome Romp; to Kenny Passarelli; and Janelle Ayon, the guiding spirit of the Niños de Santa Fe y Compañía.

Gracias,
G.A.

Library of Congress Cataloging-in-Publication Data

Ancona, George.
Mis bailes = My dances / George Ancona.
    p. cm. — (Somos latinos)
Spanish text with parallel English translation.
Includes bibliographical references and index.
 ISBN 0-516-23691-1 (lib. bdg.)   0-516-25069-8 (pbk.)
1. Folk dancing, Latin American—Juvenile literature. 2. Folk dancing, Spanish—Juvenile
literature. I. Title: My dances. II. Title.
GV1626.A73 2004   793.31'098—dc22   2004009555

© 2004 by George Ancona
Photographs © 2004 by George Ancona
Photo page 32 of George Ancona by Jamie Humphrey
All rights reserved.
Published in 2004 by Children's Press, an imprint of Scholastic Library Publishing.
Published simultaneously in Canada.
Printed in the United States of America.
1 2 3 4 5 6 7 8 9 10 R 13 12 11 10 09 08 07 06 05 04

Hay un dicho que dice que los latinos nacieron bailando. Para los niños de este libro, eso parece ser verdad. La familia del padre de Cuauhtémoc vino de España hace quinientos años. Su madre vino de México. La familia de Evelyn vino de Yucatán. Los padres de Shanty y Junior vinieron de Perú. Y la familia de la madre de Kane estaba aquí antes de la llegada de los Peregrinos ingleses. Y todos trajeron sus bailes con ellos.

There is a saying that Latinos are born dancing. For the children in this book, this seems to be true. Cuauhtémoc's father's family came from Spain five hundred years ago. His mother came from Mexico. Evelyn's family came from Yucatan. Shanty and Junior's parents came from Peru. Kane's mother's family was here before the Pilgrims. And they all brought their dances with them.

George Ancona

3

Me llamo Cuauhtémoc. Mi nombre proviene del último líder azteca que luchó contra los invasores españoles. Mi madre, mis hermanas y yo bailamos con un grupo de bailarines aztecas. Yo practico los ritmos en mi tambor.

My name is Cuauhtémoc. I'm named after the last Aztec leader to fight the Spanish invaders. My mother, my sisters, and I dance with a group of Aztec dancers. I practice the rhythms on my drum.

Bailamos en el Día de la Virgen de Guadalupe. En el centro del círculo que forman los danzantes, se coloca un pequeño altar con la foto de la virgen. Yo soplo una caracola para que al sonar empiece el baile. Otros tocan pitos y tambores.

We dance on Virgin of Guadalupe Day. A small shrine with the saint's picture is placed in the middle of the circle of dancers. I blow on a conch shell to begin the dance. Others blow whistles and beat drums.

Algunos bailarines vienen de lejos. Bailamos y cantamos en honor de nuestros santos y nuestra historia. Cuando sea grande quiero ser tan bueno como los danzantes que hay hoy aquí.

Some dancers come from far away. We dance and sing to honor our saints and history. When I grow up I want to be as good as the dancers here today.

Yo soy Evelyn. Practicamos el baile en el patio de nuestro amigo. Para las fiestas las mujeres se ponen flores y cintas en el pelo. Llevamos trajes bordados que se llaman huipiles. Mi hermano Russel baila con una botella en la cabeza.

I'm Evelyn. We practice dancing in our friend's backyard. For *fiestas* the women put flowers and ribbons in their hair. We wear embroidered dresses called *huipiles*. My brother Russel dances with a bottle on his head.

Los hombres llevan guayaberas, pantalones y sombreros. Los bailes de Yucatán se llaman *jaranas*. Si no hay bastantes varones, bailo con una mujer. Todo el mundo aplaude y anima cuando Russel y su compañera bailan.

The men wear white *guayabera* shirts, pants, and hats. The Yucatecan dances are called *jaranas*. If there aren't enough boys, then I dance with a lady. Everybody claps and cheers when Russel and his partner dance.

Me divierto más cuando me cambio de ropa y salgo a bailar con mis amigos. Todos los veranos regreso a mi pueblo en Yucatán para visitar a mi familia y aprender más bailes.

I have the most fun when I change my clothes and dance with my friends. Every summer I go back to our village in Yucatan to visit my family and to learn more dances.

Hola, soy Shanty. Mi amigo Junior y yo bailamos *la marinera*, una danza folklórica del Perú. El baile representa a un gallo y a una gallina. Hondeamos un pañuelo al bailar. Los espectadores animan al gallo o a la gallina.

Hi, I'm Shanty. My friend Junior and I dance a Peruvian folk dance called *La Marinera*. The dance is about a rooster and a hen. We each wave a handkerchief as we dance. The spectators cheer for either the rooster or the hen.

Me llamo David, como mi padre, así que todo el mundo me llama Junior. Los africanos que llevaron como esclavos a Perú mezclaron sus ritmos con la música indígena. El resultado es *el festejo*. Yo marco el ritmo sobre un cajón mientras Shanty baila.

My name is David, like my father's, so everybody calls me Junior. The African slaves that were brought to Peru mixed their rhythms with the native music. This became *el festejo*. I beat the rhythms on a box while Shanty dances.

Me llamo Kane. Mi familia entera pertenece a un grupo de danza donde aprendemos bailes folklóricos de México. Nos pasamos semanas ensayando para las actuaciones. Salomé, mi hermana pequeña, siempre viene con nosotros.

My name is Kane. My whole family belongs to a dance group where we learn Mexican folk dances. We spend weeks rehearsing for the shows. Salomé, my baby sister, always comes with us.

Con mi mamá bailo *la huasteca*, un baile del este de México.

I can dance *la huasteca* with my mother, a dance from eastern Mexico.

Mi papá y yo bailamos *el zapateado*, un baile de los hombres de Jalisco.

My father and I dance *el zapateado*, the heel-stomping men's dance from Jalisco.

Mi hermana Ariana y yo bailamos *Amor de madre*, un baile de Chihuahua.

My sister Ariana and I do a dance called *Amor de madre*, from Chihuahua.

Y también bailamos el *jarabe tapatío*, el baile nacional de México.

And we also perform the *Mexican Hat Dance*, Mexico's national dance.

Actuamos en teatros y plazas los días de fiesta. Pero luego nos tomamos un descanso y yo voy de camping, a cazar y a pescar con mi papá.

We perform in theaters and town plazas during holidays. But then we take time off, and I go camping, hunting, and fishing with my Dad.

La historias de la familia

Cuauhtémoc Vigil y su familia viven en una zona rural de Nuevo México. Los antepasados de su padre eran pioneros españoles que llegaron aquí en el siglo dieciséis.

El padre de Evelyn Pool llegó aquí solo. Pasaron nueve años hasta que pudo traer a la familia a reunirse con él. Ellos son descendientes de los mayas.

Shanty Leticia Gupta y Junior Velcherrez vienen del Perú. Ellos han bailado juntos desde que tenían nueve años. Ellos bailan en fiestas de la comunidad peruana en California.

Kane Romp y su familia viven en Nuevo México. La familia de su madre partió del norte de España en el siglo dieciséis. La familia se asentó en la zona donde hoy viven sus descendientes. Los antepasados de su padre vinieron de Alemania e Irlanda.

Family Histories

Cuauhtémoc Vigil and his family live in rural New Mexico. His father's ancestors were Spanish pioneers who arrived here in the sixteenth century.

Evelyn Pool's father came here alone. Nine years passed before he could bring his family to join him. They are descendants of the Maya people.

Shanty Leticia Gupta and Junior Velcherrez both come from Peru. They have been dancing together since they were nine years old. They dance at *fiestas* of the Peruvian community in California.

Kane Romp and his family live in New Mexico. His mother's family left northern Spain in the sixteenth century. They settled in the same region where their descendants live today. His father's ancestors came from Germany and Ireland.

United States of America

Union City
Inglewood
Mora
Pecos
Mexico

ATLANTIC OCEAN

Spain

Africa

Cuba
Haiti
Puerto Rico
Belize
Honduras
Dominican Republic
Guatemala
El Salvador
Nicaragua
Costa Rica
Panama

CARIBBEAN SEA

Venezuela

Columbia

Ecuador

PACIFIC OCEAN

Brazil

Peru

Bolivia

Paraguay

Chile

Argentina
Uruguay

Los países de habla hispana
Spanish-speaking countries

El viaje de la familia
The Family's Journey

Cuauhtémoc

Evelyn

Kane

Shanty and Junior

Perú es el centro de la civilización inca.
Yucatán, un estado en el suroeste de México, es uno de los centros de la civilización maya.
España es la fuente de donde provienen la lengua y la cultura de una gran parte de las Américas.

Peru is the center of the Inca civilization.
Yucatan, a state in southeastern Mexico, is one of the centers of the Mayan civilization.
Spain is the source of the Spanish language and culture of much of America.

Palabras en inglés = Words in English

actuación	=	performance
altar	=	shrine
animar	=	to cheer
caracola	=	conch
círculo	=	circle
ensayar	=	to practice
escenario	=	stage
espectadores	=	spectators
girar	=	to spin
grupo de baile	=	dance troupe
indígenas	=	native people
luchar	=	to fight

Palabras en inglés = Words in English

música	=	music
plaza	=	square
plumas	=	feathers
quemar	=	to burn
ritmo	=	rhythm
silbato	=	whistle
tambores	=	drums
teatro	=	theater
tradición	=	tradition
trajes de baile	=	dance costumes
zapatear	=	heel stomp

Somos Latinos

Los bailes populares forman parte de la raíz cultural de Hispanoamérica. En cada ciudad, en cada pueblo, en cada barrio, a veces en cada familia hay formas tradicionales de baile y música que se practican para ciertas fiestas durante el año.

Lo notable es la variedad de bailes que se practican. Familias enteras dedican su tiempo libre a aprender nuevos ritmos y pasos para presentarlos en los días de fiesta. Desde los bailes incaicos del Perú, hasta el *jarabe tapatío* de México, la danza es un tesoro de folklore en el mundo hispano.

Algunos bailes llegaron a América desde España, heredados de los árabes y los judíos, los gitanos romaníes y pueblos africanos. Aquí, en el Nuevo Mundo, se mezclaron con los ritmos de la polca y el valz originarios de Alemania y Francia. Mientras que en las poblaciones de la costa se aprendían las danzas que llegaban por barco, en los pueblos rurales la gente mantenían sus danzas.

We Are Latinos

Traditional dances are part of the cultural make up of Hispanic America. In each city, each town, each neighborhood, sometimes in each family, there are traditional forms of music and dance that are practiced for certain holidays throughout the year.

What stands out is the variety of dances that are practiced. Entire families devote their free time to learning new rhythms and steps to perform during festivities. From the Inca dances of Peru, to Mexico's *jarabe tapatío*, dance is a treasure of folklore in the Hispanic world.

Some dances came to America from Spain, inherited from the Arabs and the Jews, the Romany gypsies and the peoples of Africa. Here, in the New World, these dances mixed with the rhythms of the polka and waltz that came from Germany and France. While the people who lived on the coast learned the dances that arrived by ship, in the rural villages people maintained their local dances.

Sobre el autor

Dondequiera que George Ancona ha viajado, ha encontrado gente bailando. Él suele unírseles. Jorge se crió en Brooklyn, donde aprendió a bailar de joven. Cuando fue a México aprendió algunos bailes que le enseñaron sus primos. Ha bailado en España, Puerto Rico, Brasil, Cuba y Perú. Jorge sigue la música, sacando fotos y bailando. Éste es su libro número cien.

About the Author

Almost everywhere George Ancona has traveled he has found people dancing. He usually joins in. George grew up in Brooklyn, where he learned to dance as a teenager. When he went to Mexico he learned some more dances from his cousins. He has danced in Spain, Puerto Rico, Brazil, Cuba, and Peru. He follows the music, taking pictures and dancing. This is his 100th book.

Sobre Alma Flor Ada y F. Isabel Campoy

Alma Flor Ada e Isabel Campoy han escrito muchos libros sobre el arte, la historia, la poesía y la belleza del mundo natural hispano. Isabel vive bailando y quiere que Jorge le enseñe los bailes de México.

About Alma Flor Ada and F. Isabel Campoy

Alma Flor Ada and Isabel Campoy have written many books together about the art, the history, the poetry, and the wonders of the Hispanic world. Isabel is always dancing, and wants George to teach her the dances of Mexico.